심상시선 131

돌하르방 미소

김성진 시집

시인의 말

몸 아픈 건 그렇다 치더라도
뭐가 뭔지를 알지 못하고
지독한 불면증에 시달리고
대취해 잠들었을 때
눈 떠지기를 바라지 않았습니다.

어깨를 짓누르는
짐은 늘 버겁습니다.

2024년 초가을

김 성 진

차례

시인의 말   3

1부 _ 비상을 꿈꾸는

파도   11
갈대   12
적설   13
거미집   14
참회록   15
비상을 꿈꾸는   16
연꽃   17
선운사 상사화   18
법흥사   19
아무렇게 꽃피우지 않습니다   20
올레 비코스   21
올레길 의자   22
수수한 그 들꽃   24
돌하르방 미소   25
정박   26

2부 _ 묵정밭 잡초

귀향	31
아버지	32
그리운 돌챙이	34
서천에 들다	35
첫 기일	36
밭담	38
돌멩이같이	39
묵정밭 잡초	40
파재	41
산벚꽃에 갇혀서	42
까마귀 모르는 제사	43
그곳에 영남리가 없었다	44
무명천 할머니	46
다시 영남마을에서	48
다시 월령리에서	49

3부 _ 입춘 무렵

입춘 무렵	53
새봄	54
억새	55
초겨울	56
그런 날	57
답신	58
비양도	59
형제섬	60
추자도	61
냇도물	62
기별 없이 구름은 오고	63
내 마음은 바다	64
그대 파도	65
소나무 심은 다음	66
잠시뿐	68

4부 _ 가슴에 피는 꽃

순비기꽃	73
망초꽃	74
상사화	75
선인장의 독백	76
선인장	77
선인장 2	78
가슴에 피는 꽃	79
야생화	80
진달래 피어	81
철모르는 꽃	82
무화과나무	83
먼나무	84
소나무 푸르르다	85
갈대밭을 걸으며	86
별똥별 떠돕니다	88
녹나무, 그 푸르고 튼튼한	90

해설 _
경험과 사유의 시적 변주 - 김병택   95

1부

비상을 꿈꾸는

파도

책장을 넘겼다
덮었다

밤새도록
바다가
글 읽는 소리 …

갈대

서걱대는 바람 소리만 남은 갈대밭에
풍경이 되었던 해는 뒷걸음으로 멀어져 갑니다.
말라버린 몸과 몸 사이에 고요가 깃듭니다.
얼마나 먼 곳에서 왔는지 모릅니다.
언제 푸르렀던지 기억도 없습니다.
적막을 깨우며 장난하는 바람의 손짓
소곤거리는 말소리를 키워냅니다.

닳을 줄 모르고
상처만 남기는 잎, 내 입(口).

적설積雪

지은 죄는 덮어지고
전생의 업은 없어지고
아무것도 보이지 않았다.

살아생전 궂은 허물
가끔 명치끝 아리지 않도록
남들이 들춰내지 않도록,

내 원대로 묻어지고
가슴속 깊이 남을
풍경 하나,

간간이 불어오는 바람에
쓸려가고 다시 쌓이는 동안
속 편하게 마음을 놓지 못하고
자꾸만 뒤돌아 보았다.

지은 죄도 없어지고
전생의 업도 덮어지고
아무 소리 들리지 않는다.

거미집

거미집은 집도 아니다.
어느 때나 비가 새고
언제나 찬바람이 들락거리고
무허가 건물이라 등록도 안 되고
그래도 집주인 혼자 집을 지킨다.
기둥도 지붕도 없는 집에는
밤에는 별이 쏟아져 내리고
아침에는 햇살에 눈이 부시다.
전생에 무슨 업인지
무슨 팔자 사나워서 그런지
허공에 집을 지어 산다.
오래 매달려 불안할지라도
입 하나 풀칠하는 걱정 없다고
남에게 떼어 줄 것 없다고
사글세 놓을 것 없다고
그것 봐라 날 보라 그런다.
남들과 같은 슬레이트집도 아니고
내 집은 허공에 있다.

참회록懺悔錄

살아 왔던 날이 부끄러워
사람들을 만나지 않고 삽니다.

몸으로 지은 죄, 한량없이 무겁습니다.
입으로 지은 죄, 한량없이 큽니다.
생각으로 지은 죄, 한량없이 많습니다.

삼업三業을 행行하니
죄가 생겨 나오고
가시밭을 헤매게 합니다.

어버인 날 이리 낳고 기르지 않았는데
전생의 업을 과보果報로 받습니다.

마음이 생겨나서
모든 것이 생겨났습니다.
세상 모든 것은 마음이 지어 냅니다.

죽어서 살아생전 지은 죄를
빌 데가 없어 참회합니다, 참회합니다,
참회합니다.

비상飛翔을 꿈꾸는

끝끝내 독수리는
당산봉을 지켜보고 있었다.

날개 접은 채 바위에 앉아
파도칠 때는 바다가 앓는 소리를
파도가 잠잘 때는 바다 잠자는 소리 들었다.
들어도 들어도 날아오르지 못하고
천 년을 견뎌낸 독수리 바위.

파도는 오직
바다의 경전을 읽을 뿐.

파도 소리에 반짝이는
오래도록 쌓은 불멸不滅의 꿈
하늘에 닿지를 못한다.

바위 위로 쏟아져 내리는 저녁놀
비상을 꿈꾸는 듯했다.

연꽃

일곱 걸음 걸어서
하늘을 가리킵니다.
삼독三毒 진흙탕에
맑고 향기롭습니다.

꽃은 꽃대로
잎은 잎대로
열매는 열매대로
뿌리는 뿌리대로

인연 따라
손 모으라 이릅니다.

궂은일을 머금지 말라고
비가 와도 에워가라고
스스로 물에 젖지 않는 것을
보여줍니다.

마음 하나 곱게 가지라
미소 짓습니다.

선운사禪雲寺 상사화

보고 싶다고
편지를 써놓고도,

잉걸불 재가 될 때까지
끝내 부치지 못하는
그리움.

이파리도 꽃도 없으면서
이파리도 꽃도 다 있는
상사화.

가을날 선운사 풍경 소리
불 밝히고,

멀리 있어
더 환히 보이는
상사화.

법흥사

소나무 숲은 적막하였다.
추녀 끝 풍경소리에
다소곳이 앉았다.

두 손 모았다.
108 염주를 굴려
염불하였다.

석가모니불, 석가모니불, 석가모니불 …

뼛속 깊이에 향내 스미어
가슴을 쓸어내리는
미완의 참회懺悔.

사자산師子山 법흥사法興寺
산을 내려가는 사람이 있었다.
솔 향이 그윽하였다.

아무렇게 꽃피우지 않습니다

길가에 피어난 들꽃이라도
아무렇게 피어나지는 않습니다.

바람에 흔들리며 피어나는 들꽃이라도

아무도 봐주지 않는 들꽃이라도

까닭 없는
피움이란 없습니다.

올레 비非코스

멀리 왔다, 길 아닌 길
시냇물 소리 같은 길이었다.
편히 앉아 쉴 수 없었다.

저기 보이는 지평선
올레길이 보일 듯
보이지 않는다.

길을 잃었어도
나는 길 위에 서 있다.

내 삶은
언제나 올레 비코스.

올레길 의자

올레길은 걸을 때마다
길이 생겨났다.

낡아빠진 의자는
파도에 장단 맞춰
삐거덕 소리를 내었다.

등 굽은 노인이
의자에 앉아
지는 해 바라보고 있었다.

석양의 붉은빛이
올레길에 채웠다 사그라질 줄 모르게
사그라져가고,
소금 냄새 풍기는 바닷가를
떠나지 못하였다.

무언가 숨길 듯 보이지 않는
어둠이 짙어오고
관절염 같은, 고통을 덮었다.

쏟아 내는 노인의 헛기침은
풍경이 되고 있다.

수수한 그 들꽃

들꽃도 꽃으로 보이고
눈여겨보지 않던 들꽃은
화사한 꽃이 되었다.

고개를 숙이고 싶었다.
꽃 앞에 서서 꽃을 외면해도
꽃을 들고 보여줄 뿐.

내려앉은 바람의 무게로
간간이 흔들리는 꽃
그때 그 꽃처럼 되리.

한번 더 허공을 흔들기 위해
떠도는 입소문에 기죽지 않는다.
눈맞춤에 좀쯤

돌하르방 미소

웃고 있는 사람을 보고 있다.
돌하르방을 보면서
그 사람의 미소를 헤아리고 있었다.
대접을 엎어놓은 오름 같이
심심풀이 삼아 지나가는 바람 같이
낯선 그림자로 다가왔다.
언제부턴가 돌하르방을 보고 있으면
알게 모르게 닮아가는 얼굴빛이 감돌았다.
가끔 웃어도 잘 웃지 않는
내가 돌하르방처럼 웃어 보았다.

빙색기 웃지 말아, 정떨어점쩌.*

---

* 빙색기 웃지 말아, 정떨어점쩌: 빙그레 웃지 마라, 정떨어진다를 뜻
하는 제주어.

정박

여기, 갇혀 있던 적 한두 번 아니었다.
선명한 꿈의 언저리로 밀려들던
허연 파도와 비바람, 6월의 풍랑주의보가
어디 한두 번이었을까.
아랫목에 앉아 담요 두르고 운수 패 떼는 날
재떨이에서 주운 꽁초에 불을 붙이고
쓰디쓴 소주잔을 기울일지라도

잊어야겠다.
추억 하나 남기지 않는 물안개같이 잊어야겠다.
먼 길을 떠난 그대, 아스라한 뒷모습이
손바닥만 한 골방에서도 헛기침으로 살아나고
뜨거운 눈시울, 꽃노을로 떠도
담배 연기로 속이 허허로운 도넛을 만들지라도
이제 다시 만날 수 없다.

발을 동동 구르던 적이 어디 한두 번이었을까.
고뿔 앓게 만드는 파도, 비바람 깊을수록

높이 나는 괭이갈매기처럼
바늘로 찌르는 관절통증도 아무렇지 않은 척
바다를 바라본다.

낼 모렌 풍랑주의보 해제되겠지.
파도가 잔잔하고 수평선 이마 환하게 보이는
청명한 날 오면, 먼 길 떠난 그대 향해
뚜우뚜우 고동 울릴 것이다.

2부

묵정밭 잡초

귀향

 언젠가 돌아가리라. 힘들 때마다 내 고향이고 어머니가 기다리는 도순道順를 생각했다. 마을을 휘감아 도는 큰내는 모든 허물을 품고 바다로 나가고, 푸르름 잃지 않는 녹나무는 하늘을 향해 손짓하고 있다. 별빛이 쏟아져 내리고 반딧불이 반짝이는 벵듸왓* 들녘을 걷고 싶어라.

마음이 먼저 닿는 그곳,
누구에게나 있지 않은 고향

돌담길 따라 들어서면
푸른 슬레이트집.

*벵듸왓: 평평한 들판을 뜻하는 제주어.

아버지

아버지는 돌챙이*
사람들은 나를
돌챙이 아들이라 부릅니다.
평생 돌 같으셨던
아버지,

어느 8월
나는 우연찮게 땡볕 아래서
아버지 돌담을 쌓는 것을 보았습니다.
옹이 박힌 손은
나무토막 같았습니다.
아버지 삶의 무게를
헤아릴 수 없었습니다.

오늘은
아버지 쌓은 돌담을 바라봅니다.

아버지 돌아가시고
이제는
내가 돌담을 쌓습니다.
아버지 무덤에
돌담을 쌓습니다.

아버지,
내가
돌챙이입니다.

그리운 돌챙이

동지섣달 추위에도
오뉴월 염천에도
좀처럼 쉬지 않았습니다.

모난 돌을 정으로 쪼아가며
눈대중해 보고 크기가 딱 맞게끔
대패질하듯 돌을 다듬었습니다.

힘내어 들어 올린 돌
이리저리 놓아 보며
귀 맞춰 돌담을 쌓았습니다.

아버지 쌓은 과수원 담장
오랜 세월 버티며 안 무너집니다.
누구도 눈여겨보지 않습니다.

인생사를 쌓아 올리고
삶을 다듬는 법 보이시던
아버지가 그리습니다.

서천에 들다

까마귀 웁니다.

구절초꽃 대여섯 송이
무덤 앞에 놓습니다.

살아 계실 때
지은 죄 빌 데 없어
무릎 꿇습니다.

정화수 떠놓고
손 모으시던 어머니
눈앞을 가립니다.

보고 싶은 어머니
어
머
니

첫 기일

저녁별 앞세우고
치맛자락 끌며 어머니 오십니다.
일 년 만에 오십니다.

마을 초입 팽나무에
오고 싶지 않은 마음 걸어 두고서
집 주위 둘러보십니다.

뭐 그리 섭섭했는지
뒤도 돌아보시지 않고서
홀연히 떠나셨습니다.
오늘은 그림자도 없이 오셨습니다.
오늘은 형체도 없이 오셨습니다.

보이지 않는다고
안 오신 건 아니지만
오셔서 내 가슴속에 계십니다.

새벽부터 집 안팎 쓸고 닦았습니다.
어머니 오셨으니
예전 같지 않다고 말하겠습니다.

무릎 꿇고 두 손 모아
어머니 애태우던 죄
한 번은 빌고 싶었다고 말하겠습니다.

첫닭이 울 때까지 대문을
활짝 열어놓았습니다.

밭담

손자 위에
할아버지
그 위에 아버지
아버지 위에
아들.

아버지 고통이었다.
할아버지 신음 소리
어린 손자 흐느낌이 그랬다.
천년千年을 얹고
또 얹은 세월.

꾸부러진 허리
펴지 못한다.

꿈길 하나 보이지 않는다.
돌담과 돌담 사이
이쪽과 저쪽의 사이
내가 서 있다.

하늘 가는
길이 보인다.

돌멩이같이

누군가 손가락질하면
오름 능선 다랭이밭 돌멩이같이
쳐다보지도 않고,

누군가 흉보는 소리 하면
곶자왈 한 곁 토갱이밭 돌멩이같이
듣는 척도 않고,

누군가 시비조로 말하면
내(川) 건너 막은창밭 돌멩이같이
아는 척 말 않고,

놓일 곳에 놓여 돌멩이 되었다.
외톨이도 괜찮다, 발길에 차이고

묵정밭 잡초

그리로 쭉 올라가서 큰 바위 옆
묵정밭에 무성하게 자란 잡초를 없앨
방법이 떠오르지 않았다.

한 뼘 안 되는 잡초는 호미로 맬 수 있을지라도
터부룩한 잡초는 호미로 매지 못하고
제초제 뿌려야 하는 처지라 난감했다.
그렇다고 예초기로 베어낸다 해도
밑동은 그대로 남으므로 묘책도 아니었다.

밭을 놀리면 잡초가 번성하는 법.
어떤 농사라도 지어야
잡초가 나지 않는다는 아버지 말씀은
지나는 바람이었다가 경전으로 돌아왔다.

잡초가 자라듯 머리에 잡것으로 채워지면
묵정밭과 같다는 말이 틀리지 않았다.
잡초를 제거하지 못하는 묵정밭을 바라보면서
너도 그리고 나도 속숨 해졌다.

파재罷齋

산벚꽃 가득한 관음사觀音寺
위령재는 끝나고,

미륵대불彌勒大佛 곁에 앉아
산 자와 죽은 자가 듣는
풍경 소리

내 건너 인연처因緣處로 가시며
서러움에 복받쳐
"재齋나 하면 다야 … "

손 모으는 마음 부리고 싶은
4월, 안개에 갇힌 오름 꿈쩍이지 않는다.

때 놓친 죗값도 묻지 않고
화해와 상생의 빛 드러낼 때
가슴이 미어터졌다.

산벚꽃에 갇혀서

4월이 오면
한라산 산벚나무는 흰 상복喪服을 입는다.
곤하게 잠자는 원혼冤魂을 부르며
꽃이 나무에게 심심풀이로 하는 말같이
집으로 돌아가자고 수작을 걸었다.
아무렇지도 않게 살 판 났다 춤추는
거스르지 않게 하늘로 가는 길을 내는
풍경은 상흔을 덮어내지 못했다.
산벚꽃에 갇혀 노여움도 슬픔도 멈췄고
기쁨이 없고 즐거움이 없었다.
4월 숲으로 내가 들어가 누워 있으면
흰 상복 입고 곡소리나 할까, 그러다가

넋 들라, 넋 들라, 어마 넋 들라

까마귀 모르는 제사

한라산 아래 첫 동네 영남리*
간간이 비가 내립니다.

섣달 스무 날, 해 거르지 않는
까마귀 모르는 제사 있습니다.

상흔을 에워가는 청대 숲
아무런 말이 없습니다.

천지에 찾아봐도 허사 되고
지천에 물어봐도 헛일 되고
죄 아닌 죄로 죽은 사람 불러 봅니다.

죽어도 죽지 못하여
못 먹은 축사니*로 떠돕니다.

빈 집터 다 알고 내려다보는 까마귀
팽나무에 앉아 웁니다.

* 영남리瀛南里: 서귀포시 영남동에 있었던 제주 4.3 당시 없어진 마을임.
* 축사니: 죽어서 저승에 들지 못하고 떠돌며 원한 푼다는 혼백을 제주에서 이르는 말.

그곳에 영남리瀛南里가 없었다

꿩꿩 장서방
장꿩이 낮게 기어가다 날아오른다.

숭시듯 또렷한 꿈이다, 산으로 내달리고 있었다.
흰 헝겊을 덧대어 꿰맨 고무신 한 짝이 보였다.
등짝도 식은땀에 흥건하게 젖어 있었다.
누군지 모르는 서너 사람이 대숲에 꼭꼭 숨었다.
총에 탕탕 맞아 넘어지는 몸짓은
연습을 안 해도 억새처럼 두어 번 흔들렸다.

폭낭도 서릿바람을 타는 우중충한 날
냉수를 벌컥벌컥 마시고 싶은 듯
초가집들이 활활 타오른다.
간밤에 산으로 가는 것 같은데
그을음 내 가득한 마을로 다시 돌아와
검은 고무신 한 짝을 들고 깊은 잠이 들었다.
어깨 위에 동백꽃이 더 붉었다.

씨팔놈, 이 좆으로 몽곳 놈의 새끼*들아
죽이라 다 죽여

무자년 동짓달 스무날, 곧은 산줄기 너머 남쪽
마을은 이름만 남겨 폭삭했고
수많은 주검 왜 몰라, 모르는 척해도
잊을만하면 생각나, 영남이 너 생각난다.

* 좆으로 몽곳 놈의 새끼 : 제주에서 쓰였던 가장 큰 욕의 하나.

무명천 할머니*

술잔 올리고 두 번 절을 하였습니다.

머뭇거리다가 돌담 어귀에 앉아서 바다를 바라보는 할머니 눈은 파도같이 출렁출렁, 제주바람 같은 얘기를 합니다.

— 사태에 총 맞은 날, 이 가슴팍에 백년초 가시로 꽉꽉 찼고 그놈들을 콕콕 찌르고 싶은 잘잘한 가시는 이빨로도 뜯어낼 수 없다.
이 개백정 놈들아

그렇습니다. 그렇습니다.

서른다섯 되는 정월에 집 앞에서 토벌대가 쏜 총을 맞고 구사일생으로 목숨은 건졌으나 턱이 없어집니다.
그때부터 할머니는 턱이 있었던 자리를 무명천으로 둘러서 음식이나 물조차 먹기 힘든 모습을 남에게 보여주지 않았고, 말하고 싶어도 말할 수 없는 날은 몇 날 며칠이 아닌 60갑자 되었습니다.

극심한 공포를 느끼는 공포심은 고문만큼 힘들었으며, 외상 후 스트레스 장애로 심장질환과 골다공증을 아파했고, 누군가 집에 들이닥칠 것이라는 불안 속에 죽기보다 힘든 고통이 나날이었습니다.

당해보지 않아 알 수 없는 4.3은
한 여자를 완벽하게 망쳐 놨습니다.

남을 가시로 찔러 보고 싶은 생각이 있는 사람이나 없는 사람들이 월령리月令里에 와서는 가시를 둘러쓴 백년초꽃이 곱다고 합니다.

* 무명천 할머니 : 제주 4.3 당시 토벌대 총에 맞아 아래턱을 잃은 진아영 할머니는 평생 무명천으로 턱을 감싼 채 죽기보다 힘든 고통을 안고 살았습니다.

다시 영남마을에서

뭐 하러 왔나.
뭐 하러 왔나.

이름만 간당대는
영남瀛南마을
핏빛보다 갯동백꽃이 더 붉었다.

대숲 사이
빈 집터 너머
나를 부르는 들꿩 울음.

물어볼 것도 없고
들어볼 것도 없는 실화實話 속으로
들어가지 못했다.

지번地番을 에워가는
적막강산寂寞江山
뜬 마을.

아직도 멀었나, 생난리 그칠 날
무자년戊子年 그대로였다.

다시 월령리에서

한참 머뭇거리다가
월령리月쑥里 할머니 집에 갔을 때
정낭이 얶어져 있었습니다.
먼 길을 떠났습니다.

삶터는 예전 그대로 놔뒀습니다.
무명천으로 얼굴을 반쯤 감싸인 영정이
빈집을 지키고 있었습니다.
사람으로 살지를 않았습니다.

할머니 속울음은
파도같이 밀려오고 있습니다.

3부

입춘 무렵

입춘 무렵

보내고 싶은 사람
화닥닥 가버리지 않고
애가 타들어 갑니다.

멀리서 오는 사람
찬찬히 서두르지 않고
손을 흔들며 옵니다.

볕 바른 울담 아래
한 번도 눈길을 알아채지 못한
그때 그 자리.

연초록 기운이 돋아납니다.
쑥을 헤쳐보다가
싸한 봄 냄새에 취합니다.

새봄

고향 집 울담 곁
기지개 쭉 켜는 연초록 쑥이
추위를 타고 있었다.

고뿔 같은 기침 소리를 내면서
갓난 송아지 털 같은 햇살을 보면서
냉이 같은 맛을 다시면서
소똥 같은 냄새를 풍기면서,

본체만체해도
발길 돌리지 못하고,

호주머니에 있는 편지를 만지며
네게로 가다 멈칫멈칫했다.

억새

어제보다 지독한 하늬바람을 타는 소리
누구도 듣는 체하지 않았다.

쓰러질 때까지 시위하고 있었다.
더러는 죽을 때까지 시위하고 있었다.

말간 하늘에 높이 쳐들어
느긋하게
타오르는 것,

어머니 흰 머리카락인 듯 향기는 없고
까칠하게 생긴 모습 그대로 바싹 말라서
맞서다 할퀸 상처를 간간이 들어냈다.

겉은 멀쩡해도 속에 응어리 생기고
바람에 흔들리고 꺾이는 것은 피할 수 없었다.

가벼운 몸짓은 멈추지 못하고
저들끼리 한번 봐 달라 아우성이다.

초겨울

괜찮겠지.

그때, 주번 선생님은
내 두발이 길다 하였다.

바리깡으로
신작로를 낸 자리

한동안 추웠다.

그런 날

남원南元 큰엉에 갔다가
그이를 찾아갔다.
만나지 못하고 돌아오면서
그이 방 창문 틈에
글쪽지 꽂아놓고 왔다.

난데없이 봄바람으로 불어
독독 창문 두드리는 소리 나면
내가 찾아온 줄 알고
창문을 열었다 닫았다 했을까
별빛들이 스러질 때까지,

움츠려 앉은 봄을
헤아리다 또
눈시울 붉히는 그런 날
바다도 뒤척거렸다.

답신
– 준영에게

다리 쭉 뻗어져 살아지겠다는
말은 마시게.
내 가슴을 파내려 가
손이 닿지 않는 아득한 거리에 터 잡은 잉걸불은
사그라지지 않는다네.
간간이 붉게 타오른다네.
잠들지 않는 왕돌 같은
일년 열두 달 동안 내내.

비양도 飛揚島

홀로 외로운 것이
섬이었다.

버릴 것 다 버리고
높게 날아오르고 싶었다.

한라산과
마주하고 싶었다.

형제섬

속내를 감추고
가까이 더 가까이
다가서지 못하였다.

차마 외면하지 못하는
섬과 섬 사이
가늠이 안 되는 속울음만 흘렀다.

뭍을 바라보는 형이나
이어도를 찾아가려는 동생은
눈길 피하며 아무 말 않고,

한배에서 나온 형제인데
달라도 너무 달리 보이는 모습은
수평선에 기대어 있을 뿐,

가깝게 다가서지 못하고
물러서지 못하는 바다 가운데
오롯이 배경은 돌아왔다.

추자도 楸子島

그 나바론
요새要塞.

난공불락難攻不落.

물구나무로 선
하늘길.
멀리 두고
몸을 던지는
바닷새들.

언제나
내가 따라 걷던
풍경처럼,

수평선 가에
뜬, 섬
앞서 있다.

냇도물

녹나무 그늘 따라
큰내*에 나앉았습니다.

바위 틈새 헤집으며
눈가를 적시는 그리움 하나
샘물처럼 솟아납니다.

그대 생각 피어오릅니다.
퐁퐁 솟고라집니다.
냇도물* 가득 찹니다.

냇가에 가라앉은 먹돌 같은 사람
물빛으로 반짝거립니다.

흐르다가 맴돌고
가슴 한가운데 고여 듭니다.

바다는 먼 데 있습니다.

*큰내 : 서귀포 도순마을 동쪽을 지나는 하천.
*냇도물 : 냇도는 내 입구라는 뜻의 제주어이고 냇도물은 큰내에 있는 샘

기별 없이 구름은 오고

구름이 떠 있습니다.

양떼구름 대여섯
그대 얼굴
그려냅니다.

옛사랑이 김처럼
모락모락 피어납니다.

그대 생각이
목화솜처럼 흐드러집니다.

하루 몇 번을 걷어 젖히는
구름,

내게로 다가옵니다.

내 마음은 바다

잊어진 듯 생각나
파도같이 소리치고
파도같이 잔잔하고
내 마음은 바다가 되었다.

바다만큼 깊어졌다.

그대 파도

파도만
뒤척이고 있었다.

끝내 지우지 못하는
그대 생각.

허연 물거품만 일고
일었다.

소나무 심은 다음

소나무 심은 다음다음 날
비는 내리지 않았다.

상처투성이 풍경은 기억으로 쌓이고
물 한 모금 간절한 나날들
서너 번 날벼락에 녹초가 되었다.

아득하게 멀리 있는
뿌리, 경계境界를 헤아리지 못하여
염려만 했을 뿐,

뭐라 할 말은 삼켜냈다.
아린 속내 드러나지 않도록
새살이 돋아날 때까지,

노勞
심心
초焦
사思
있다가 또,

어떤 수형樹形으로 올는지
눈여겨볼 수밖에 없다.
가지 끝 솔향은 텅 비워졌다.

잠시뿐

기쁨을 감추겠다는 생각도 잠시뿐
화를 참겠다는 생각도 잠시뿐
걱정을 털어내겠다는 생각도 잠시뿐
두려움을 이기겠다는 생각도 잠시뿐
사랑을 하겠다는 생각도 잠시뿐
미움을 삭이겠다는 생각도 잠시뿐
욕심을 버리겠다는 생각도 잠시뿐

마음은 마음속에
터 잡은 줄 모르고 …

4부

가슴에 피는 꽃

순비기꽃

월정리月汀里 바닷가,

때늦은 겨울
떼거리로 몰려들었다.

옹알이하는
물애기 같은 꽃,

파도는 소리치고
바람은 눈을 흘기고
시샘하는 사이,

방긋 웃으며
손짓하는 거 봐.

망초꽃

초록별 하나
보였다.

꽃이라 부르니 꽃이 되었다.
밝은 빛이 빛나고 있었다.

오늘은 지천에 피는 꽃이 되었다.
꽃도 아닌 것이 꽃으로 피고 있다.

티 없이 고운 영혼을 품었으니
나를 잊어 주세요, 나를 잊어 주세요.

꽃은 피어서 지는 것이 아니었다.
터지고 타는 것이었다.

상사화相思花

이치에 어긋나는 꽃
눈을 뗄 수 없었다.

상사병이 도졌다.
더위가 누그러드는 하늘에 붉은 핏덩어리 토해냈다, 내 상사병을 버젓이 펼쳐 널었다, 푸른 날개가 흔적 없이 사라졌다, 끝끝내 찾지 못했다.

이룰 수 없는 사랑*

불났다, 불 불 불

* 상사화 꽃말

선인장의 독백

이파리는 견고했다.
아래로 떨어질 일 없고
계절이 바뀌어도 변하지 않는다.

나가지 못하고 들어오지 못하는
몸꼴은 질서정연하였다.

돌아갈 수 없는 하늘 아래
목숨은 위태위태했다.

푸르른 잎 하나 없이 기죽었는데
나를 성가시게 하는 사람
완벽하게 상처를 남게 할 수밖에 없고
아야 소리 들어도 모른 척해지며,

내게로 오는 벌 나비는 없고
아무 일 없는 듯 해그림자 놀다 갈 때,

눈물에 젖다가 사막 속을 걸어간다.

선인장

가시를 곤추세우고
모래밭 기억으로 살고 있다.

푸른 잎을 달고 싶었다.

몸뚱이에 내리는 햇볕.

먼 데를 바라보았다.
가시 하나 푸르게 빛난다.

선인장 2

오직 천형이었다.
위리안치圍籬安置 따로 없다.

가까이 다가오지 못하게
멀리 떠나가지 못하게

유월 더위 원치 않는다.

정월 추위 원치 않는다.

갈증 적시는 단비 원치 않는다.

가시가 몽그라질 때까지

눈 뜨고 못 볼 그 몰골이
내 꼬락서니였다.

가슴에 피는 꽃

꽃 하나 피우지 못한다고
향기도 없이 풀냄새 난다고
손가락질하지 마라.
어디에서도 나대지 마라.
돈도 좋고 빽 좋은 너는
부모덕에 팔자 늘어지지만
본(本) 좋아도 한해살이고
살아 봤자 서너 해(年)뿐 아닌가.
꽃은 가슴에서 피어나고
향기는 마음에서 흩날린다.
남의 땅 파먹는 내 팔자
천 가지 걱정 없이 꽃 피우고
오만 가지 걱정 없이 꽃은 진다.

야생화

한 번도 봐보지 못한 유별난 꽃들이
평등하지 않은 법法 앞에 고개를 치켜들었다.

내가 원하는 곳에 꽃피우지 않았다.
내가 원하는 때에 꽃피우지 않았다.
내가 원하는 쪽에 꽃피우지 않았다.

뭔 말을 하든지 말든지
별로 개의치 않는다.

금 간 종소리 들린다.
벌레 파먹은 별똥별 참 이쁘다, 네가

진달래 피어

매화보다
진달래 먼저 피어,

수모루 아파트 단지
아이들
웃는 소리.

꽃샘추위 별거 아니라고
반짝반짝하는 새봄.

봄노래 부르는
정월에 핀 진달래.

철모르는 꽃

늦어서 부끄러웠다.
남들과 같이 벌 나비 쫓으며
어깨춤을 추지 못하였다.

아물지 않은 상처가 덧났다.
누구도 알아주지 않고
철모른 놈이라 깔보았다.

아무런 치장 없이
할 말을 내뱉지 않고 때 기다리며
비바람에 이파리 찢기며
생긴 대로 무던히 꽃피웠을 뿐인데
아무도 봐주지 않는다.

넌, 다음 생에도
곱게 꽃을 피워내겠나.
하다못해 수수하게라도 꽃 피워 내겠나.

꽃 좋다 촐랑대지 마라.
한때 철모르게 피는 꽃도
꽃이다, 혼자가 아니다.

무화과나무

떨구어지는 대로 떨구어지면
할퀴어지는 대로 할퀴어지면
마침내 인간적인 모습은 들춰질까.

하늬바람 심보는 독하고
갈적삼 하나 걸치지 못해 어찌 견딜 건가.

곧 얼어 죽어도
잿빛 하늘에 요령 흔들며
고자질할 뿐,

그까짓 거, 까짓것 말을 삼켜도
버리지 못한 욕심이 더 커지는 걸까.
별의별 종내기,

종내 꽃 하나 아니 달고
천의 얼굴을 보여주는 초겨울에
나만큼 살아 봐라 외쳐댄다.

먼나무

가까이 있어도
먼 나무
멀리 있어도 먼나무.

붉게 지락지락* 열린 열매에
마음을 주던 그대,

바다 건너에 살아
이곳에서 머언.

오랫동안 남았던 기억 달 기울 듯 지고
눈물 몇 방울 자국만 남아
간간이 불러보는 이름.

멀리 있어도 먼나무
가까이 있어도
먼 나무.

* 지락지락 : 열매가 많이 달린 모양을 의미하는 제주어.

소나무 푸르르다

춥다, 한랭전선寒冷前線
탓일까.

눈이 내렸다.
한파주의보다.

새들은 숲으로 갔다.

사람의 그림자만큼
소나무가 푸르렀다.

너를 바라보다가
너에게 기대고 싶다.
너에게 깃들고 싶다.
너와 내가 하나이고 싶다.

멀리 있어도 솔향은
바람보다 먼저 온다.

갈대밭을 걸으며

갈대밭은
지미봉 뒤에 있었다.

나지막한
울음소리만 들렸다.

그게 아닌데
그게 아닌데
산다는 것은
온몸을 흔드는 일이다.
속으로 속으로만
우는 일이다.

몸으로 흔들며
서로를 껴안는 일이다.
서로가 기대어
볼을 비비는 일이다.

푸른 하늘
하얗게
하얗게
갈대꽃을 날리는 일이다.

별똥별 떠돕니다

표선表善 백사장 거닐다가
떠오르는 사람
이름을 써보았습니다.

파도가 달려와
순식간에 지워버려도
다시 이름을 썼습니다.

들물처럼 단숨에 밀려드는
보고 싶은 사람
불러봐도 대답이 없습니다.

붙잡을 수 없는 인연
애틋한 사연 바다에 띄워버리고
아무 말 없이 떠나갔습니다.

만나지 못하면 끝이 됩니다.
그 사람 이름 지워질 줄 알았습니다.
그 사람 얼굴 잊어질 줄 알았습니다.
이제는 안 봐도 자꾸 보입니다.

가슴에서 들춰낼 수 없는 사랑
머리칼 허예져 갈수록
별똥별로 떠돕니다, 점점 떠돌아

녹나무, 그 푸르고 튼튼한
-『도순마을誌』창간에 부쳐

괴사리오름 남녘에
그 푸르고 튼튼한 녹나무!
허공에 손을 들어
수화手話를 보내고 있다.

힘겹게 살았던 날들,
어찌 잊어버릴 수 있을까.
어찌 헤아릴 수 없을까.

천 번을 부러지고
힘에 부치어도
세상을 품을 줄 아는 넉넉함이여

마을의 수호신守護神 같은 녹나무,
자생지自生地란 이름으로
우리나라 천연기념물 제162호.
상서로운 기운을 아름 안고
하늘로 향하고 있다.

속절없는 우리네 삶이
버겁고 힘들어도
튼실한 뿌리를 내려
품지 못하는 허물은 없다.

그 크고 푸르고 튼튼한 만큼
내일을 향해
무궁한 진취적進取的 기상氣像으로
번영繁榮하라
번영繁榮하라

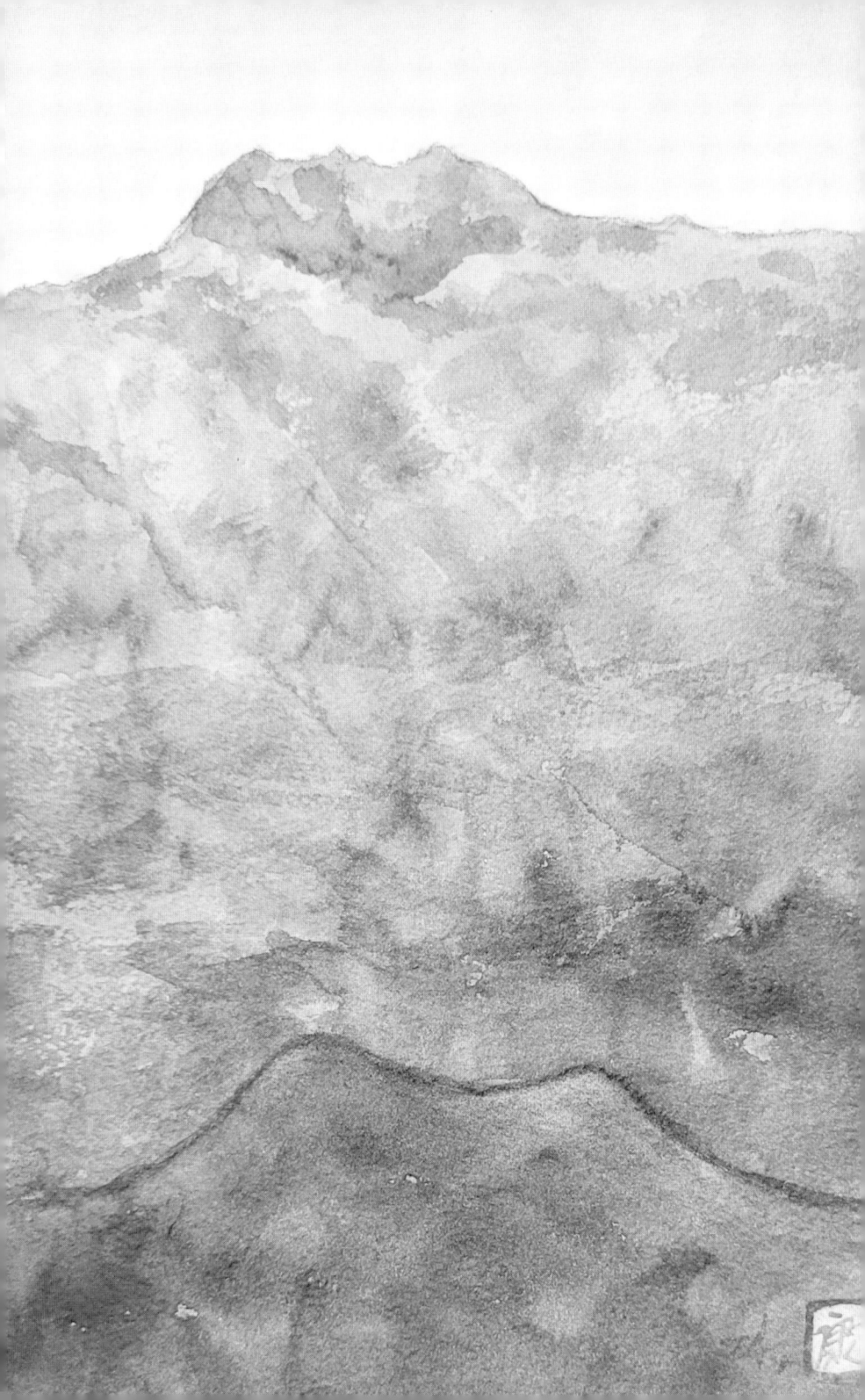

김성진의 시집에 관하여

김병택 해설

김성진의 시집에 관하여

경험과 사유의 시적 변주
-김성진의 시 세계

김 병 택(시인, 문학평론가)

Ⅰ. 불교 지향적 시각(視角)

 시각이란 세계를 관찰하고 파악하는 기본적 자세를 말한다. 그것은 거의 자연발생적 성격을 지닌 일차적 시각과, 학습이나 반성에 의해 이루어지는 이차적 시각으로 나뉜다. 시각은 사물도 추상성도 아니며, 크게 보면 의식과 유사하다. 특히 시인의 시각은 세계를 관찰하고 파악하는 데서 그치지 않고, 세계와 밀접한 관계를 맺는 단계로 발전한다. 말하자면, 시인의 시각이 세계를 시적 대상으로 삼는 단계에 이르는 것이다. 이러한 점에서, 김성진의 시는 시적 대상에 대한 불교 지향적 시각을 보여준다.

 일곱 걸음 걸어서 / 하늘을 가리킵니다. / 삼독三毒 진흙탕에 / 맑고 향기롭습니다. // 꽃은 꽃대로 / 잎은 잎대로 / 열매는 열매대로 / 뿌리는 뿌리대로 // 인연 따라 / 손 모으라 이릅니다. // 궂은일을 머금지 말라고 / 비가 와도 에워가라고 / 스스로 물에 젖지 않는 것을 / 보여줍니다. // 마음 하나 곱게 가지라 / 미소 짓습니다.

−「연꽃」

    시적 대상에 대한 불교 지향적 시각과 불교적 시각 사이에 놓인 거리를 정확히 알고자 하는 시도는 무의미하다. 그것을 측정하는 일이 아예 불가능하기 때문이다. 하지만 표현된 언어들을 통해 그 정도를 짐작할 수는 있다. 시인이 연꽃의 이름을 빌려 "꽃은 꽃대로 / 잎은 잎대로 / 열매는 열매대로 / 뿌리는 뿌리대로 / 인연 따라 // 손 모으라 이"른다고 노래한 것을 놓고 볼 때 그 거리는 우리가 짐작한 대로 매우 가깝다. 그렇다면 시인은 연꽃을, 중생을 가르치는 꽃으로 상정했다고 해도 무리가 없을 성싶다.

    이와 함께, 시인으로 하여금 시적 대상에 대해 불교 지향적인 시각을 지니게 한 것들, 예를 들면 풍경소리, 염불, 전생의 업 등은 그의 다른 시들에서 찾을 수 있다. 한마디로 해서, 그것은 시인으로 하여금 불교 지향적 시각을 지니게 하는 데에 매개의 역할을 수행했으며, 시인은 그것을 시로 구축했다.

    산벚꽃 가득한 관음사觀音寺 / 위령재는 끝나고, // 미륵대불彌勒大佛 곁에 앉아 / 산 자와 죽은 자가 듣는 / 풍경 소리 / 내 건너 인연처因緣處로 가시며 / 서러움에 복받쳐 / "재齋나 하면 다야 … " // 손 모으는 마음 부리고 싶은 / 4월, 안개에 갇힌 오름 꿈쩍이지 않는다. // 때 놓친 죗값도 묻지 않고 / 화해와 상생의 빛 드러낼 때 / 가슴이 미어터졌다.

−「파재罷齋」

소나무 숲은 적막하였다. / 추녀 끝 풍경소리에 / 다소곳이 앉았다. // 두 손 모았다. / 108 염주를 굴려 / 염불하였다. // 석가모니불, 석가모니불, 석가모니불… // 뼛속 깊이에 향내 스미어 / 가슴을 쓸어내리는 / 미완의 참회懺悔. // 사자산師子山 법흥사法興寺 / 산을 내려가는 사람이 있었다. / 솔 향이 그윽하였다.

-「법흥사」

지은 죄는 덮어지고 / 전생의 업은 없어지고 / 아무것도 보이지 않았다. // 살아생전 궂은 허물 / 가끔 명치끝 아리지 않도록 / 남들이 들춰내지 않도록, // 내 원대로 묻어지고 / 가슴속 깊이 남을 / 풍경 하나, // 간간이 불어오는 바람에 / 쓸려가고 다시 쌓이는 동안 / 속 편하게 마음을 놓지 못하고 / 자꾸만 뒤돌아보았다. // 지은 죄도 없어지고 / 전생의 업도 덮어지고 / 아무 소리 들리지 않는다.

-「적설積雪」

위령재가 끝난다(「파재罷齋」). 바람이 절 주변을 지나가고, 바로 이어서 산 자와 죽은 자의 귀에는 풍경 소리가 들린다. 이승의 세계를 떠나 인연처로 '가시는' 영령은 무엇인가에 대해 약간의 불만을 지니고 있다는 느낌을 지울 수 없다. "때 놓친 죗값도 묻지 않고"라는 표현이 그러한 추측을 가능하게 한다. 궁극적으로는 화해와 상생의 길을 걸어야 마땅하지만 그것이 실제로 이루어지는 일은 요원한 듯하다. 이제야 겨우 '빛'을 드러내는 단계에 놓여 있다는 것이 그 이유이다.

풍경 소리 들리자 두 손 모아 108 염주를 굴리며 염불하는 모습을 그린「법흥사」와, 쌓인 눈을 보며 이승에서 지은 죄가 없어지고 전생의 업이 덮어지는 상태를 진술한「적설」또한 시인의 불교 지향적 시각을 보여주는 시들임은 췌언할 필요가 없다.

Ⅱ. 섬·바다의 추상들

　섬은 무의식을 표상하는 바다의 위협적인 공격으로부터 인간을 지켜주는 피난처이다. 하지만 섬에는 사람들이 쉽게 동의할 수 없는 비논리적인 힘이 들어 있다.[1] 다음 시에서의 섬은 정신적 비상을 상징하는 것으로 보인다. 섬은 홀로 외롭다고 느끼는 순간, 그 상태를 벗어나고 싶어 한다.

　　홀로 외로운 것이 / 섬이었다. // 버릴 것 다 버리고 / 높게 날아오르고 싶었다. // 한라산과 / 마주하고 싶었다.
　　　　　　　　　　　　　　　　　　　　　　　　－「비양도」

　시인은 섬의 이름을 빌려 "버릴 것 다 버리고 / 높게 날아오르고 싶었다."고 토로한다. 섬이 품고 있는 갈망 속에서는 현실에 대한 부정적인 인식도 배경으로 작용했을 것이다. 섬이 일탈하고자 했을 때 그 일탈의 수단으로 선택한 것이 비상이었음은 분명하다. 여기서 부정적인 인식을 갖도록 한 현실이 구체적으로 어떤 현실인가를 물을 수는 없다. 그것은 자질구레한 일상에서 비롯된 것일 수도 있고, 시인을 둘러싼 어떤 문제에서 비롯된 것일 가능성도 적지 않다.
　바다에는 실제의 섬 말고도 또 하나의 관념적인 섬이 존재한다. 이 두 섬은 수시로 시인에 의해 조정된다. 즉, 시인은 두 섬을 축소하거나

---

1) 이승훈 편저, 『문학상징사전』(고려원, 1995), p. 297.

확대한다. 독자는 오로지 시인에 동의하거나 아니면 동의하지 않을 수 있을 뿐이다.

> 그 나바론 / 요새要塞. // 난공불락難攻不落. // 물구나무로 선 / 하늘길. / 멀리 두고 / 몸을 던지는 / 바닷새들. // 언제나 / 내가 따라 걷던 / 풍경처럼, / 수평선 가에 / 뜬, 섬 / 앞서 있다.
> ─「추자도」

시인이 인식하는 추자도는 아무리 공격해도 쉽사리 함락되지 않는 요새와 같다. 아득하게 펼쳐진 하늘길이어서 바닷새들도 '멀리 두고' 몸을 던진다. 하지만 시인에게 섬은 낯설지 않다. 언제나 '내'가 걷던 "풍경처럼 / 수평선 가에 뜬, 섬"이기 때문이다. 이처럼 '나'와 섬 사이에는 실제적 거리와 관념적 거리가 함께 존재한다.

바다는 유동하는 물, 공기와 같은 무용적인 존재와 대지 같은 유형적인 존재를 매개하는 인자로 인식된다. 이러한 사실을 토대로, 바다는 죽음과 삶을 매개하는 이미지로 드러나며 바닷물은 삶의 근원일 뿐만 아니라 삶의 목표로 간주된다.[2]

> 책장을 넘겼다 / 덮었다 // 밤새도록 / 바다가 / 글 읽는 소리 …
> ─「파도」

이 시는 바다와 파도의 불가분리성을 노래한다. 파도의 존재 근거는 바다이다. 시인은 바다의 여러 모습 중에서도 특히 소리에 주목한다.

---

[2] 위의 책. p. 186

그 소리는 물결이 밀려오는 소리와 같은 일상적인 소리가 아니라 '글 읽는 소리'이다. '파도'를 글 읽는 소리와 등식의 관계로 설정한 것은 신선한 발상의 의미론적 전이라 할 만하다. "책장을 넘겼다 / 덮었다"는 연은 이러한 주장을 동의하게 하는 장치로서의 구실을 담당한다.

'정박'이라는 말에서는 보통 거친 풍랑을 견디며 항해하던 배가 닻을 내려 일정한 기간 동안 머무르는 데서 나오는 평온함이 풍긴다. 한시적이긴 하지만 거기에는 안식과 평화가 보장돼 있다. 그런데 다음 시에서는 그러한 점들과 반대되는 상황이 나타난다.

여기, 갇혀 있던 적 한두 번 아니었다. / 선명한 꿈의 언저리로 밀려들던 / 허연 파도와 비바람, 6월의 풍랑주의보가 / 어디 한두 번이었을까. / 아랫목에 앉아 담요 두르고 운수 패 떼는 날 / 재떨이에서 주운 꽁초에 불을 붙이고 / 쓰디쓴 소주잔을 기울일지라도 // 잊어야겠다. / 추억 하나 남기지 않는 물안개같이 잊어야겠다. / 먼 길을 떠난 그대, 아스라한 뒷모습이 / 손바닥만 한 골방에서도 헛기침으로 살아나고 / 뜨거운 눈시울, 꽃노을로 떠도 / 담배 연기로 속이 허허로운 도넛을 만들지라도 / 이제 다시 만날 수 없다. // 발을 동동 구르던 적이 어디 한두 번이었을까. / 고뿔 앓게 만드는 파도, 비바람 깊을수록 / 높이 나는 괭이갈매기처럼 / 바늘로 찌르는 관절통증도 아무렇지 않은 척 / 바다를 바라본다. // 낼 모렌 풍랑주의보 해제되겠지. / 파도가 잔잔하고 수평선 이마 환하게 보이는 / 청명한 날 오면, 먼 길 떠난 그대 향해 / 뚜우뚜우 고동 울릴 것이다.

-「정박」

이 시에 사용된 낱말들에서는 내포적 의미를 드러내는 경우가 여럿 발견된다. 가령 '풍랑주의보'에서의 '삶의 어려움에 대한 경고', "먼 길 떠난 그대"에서의 '죽음의 강을 건넌 사람', '파도'에서의 '일상생활에 막대한 영향을 끼치는 권력'이 그러한 예들에 해당한다. 이러한 점을 놓치지 않고 말하면, 정박의 시간은 시인에게 희망의 시간으로 작용하고 있음이 틀림없다. 그 시간에 시인은 풍랑주의보가 해제되기를, "먼 길 떠난 그대"에게 고동소리가 들리기를 고대한다.

Ⅲ. 야생화의 함의

순비기꽃, 상사화, 망초꽃 등은 야생화라는 공통점을 지니고 있다. 야생화는 말 그대로 들에 피는 꽃이다. 야생화는 사람이 원하는 바를 충족시켜야 할 의무를 지지 않는다. 야생화는 나름대로의 원리에 의해 자라고 꽃을 피운다. 사람들이 야생화를 보며 아름다움을 느낀다면 그것은 야생화가 원하는 것과는 다르다.

한 번도 봐보지 못한 유별난 꽃들이 / 평등하지 않은 법法 앞에 고개를 치켜들었다. // 내가 원하는 곳에 꽃피우지 않았다. / 내가 원하는 때에 꽃피우지 않았다. / 내가 원하는 쪽에 꽃피우지 않았다. // 뭔 말을 하든지 말든지/ 별로 개의치 않는다. // 금 간 종소리 들린다. / 벌레 파먹은 별똥별 참 이쁘다, 네가

-「야생화」

정원의 꽃은 아름답지만, 그것은 인공적 기술을 적용한 결과임을 부정할 수 없다. 야생화와 정원의 꽃은 살아가는 방법에 있어서 정반대이다. 야생화에게는 어떤 규제나 틀도 필요하지 않다. 그래서 야생화는 자유롭다. 시인은 야생화의 이러한 점을 놓치지 않는다. "참 이쁘다"고 감탄한다.

월정리月汀里 바닷가, // 때늦은 겨울 / 떼거리로 몰려들었다. // 옹알이하는 / 물애기* 같은 꽃, // 파도는 소리치고 / 바람은 눈을 흘기고 / 시샘하는 사이, // 방긋 웃으며 / 손짓하는 거 봐.
ー「순비기꽃」

순비기나무의 서식처는 해변이다. 그래서 순비기꽃은 소리치는 바다, 눈을 흘기는 바람으로부터 안전하지 못하다. 그런데도 순비기꽃은 낳은 지 얼마 안 되는 아이처럼 방긋 웃으며 손짓한다. 그것은 주위 환경을 전혀 의식하지 않을 때에 비로소 보여줄 수 있는 순수의 모습이다. 파도 소리로 가득한 바닷가에서는 순비기꽃이 드러내는 순수를 얼마든지 찾을 수 있다는 데에 시인은 암묵적으로 동의한다.

이치에 어긋나는 꽃 / 눈을 뗄 수 없었다. // 상사병이 도졌다. / 더위가 누그러드는 하늘에 붉은 핏덩어리 토해냈다, 내 상사병을 버젓이 펼쳐 널었다, 푸른 날개가 흔적 없이 사라졌다, 끝끝내 찾지 못했다. // 이룰 수 없는 사랑 // 불났다, 불 불 불
ー「상사화」

상사화를 '이치에 어긋나는 꽃'으로 보는 시인의 시각이 흥미롭다. '이치에 어긋나는 꽃'은 '상사화'라는 명명의 배경만으로 성립된 은유이다. 이 시는 짧지만 상상의 폭은 넓다. "더위가 누그러드는 하늘에 붉은 핏덩어리 토해냈다", "내 상사병을 버젓이 펼쳐 널었다", "푸른 날개가 흔적 없이 사라졌다" 등이 그것을 증명한다.

초록별 하나 / 보았다. // 꽃이라 불러주니 꽃이 되었다. / 밝은 빛이 빛나고 있었다. // 오늘은 지천에 피는 꽃이 되었다. / 꽃도 아닌 것이 꽃으로 피고 있다. // 티 없이 고운 영혼을 품었으니 / 나를 잊어 주세요, 나를 잊어 주세요. // 꽃은 피어서 지는 것이 아니었다. / 터지고 타는 것이었다.
-「망초꽃」

망초꽃을 바라보는 시각은 다른 야생화를 바라보는 시각과 조금도 다르지 않다. 망초꽃을 "꽃도 아닌 것이 꽃으로 피고 있다."는 시인의 인식은 수정될 가능성이 전혀 없어 보인다. "꽃은 피어서 지는 것이 아니었다. / 터지고 타는 것이었다."에는 그러한 판단의 근거가 들어 있다.

Ⅳ. '들은 기억' 속의 4·3

4·3시의 경향은 대략 두 가지로 나눌 수 있을 듯하다. 하나는 4·3으로 인한 비극적 수난의 실상을 다루는 경향이고, 다른 하나는 4·3이 발생한 당시의 반인권적 상황을 고발하는 경향이다. 둘 다 보고서의 성격

을 조금씩 지니고 있다는 공통점을 지닌다. 김성진의 4·3시는 전자의 경향에 가깝다.

 술잔 올리고 두 번 절을 하였습니다. // 머뭇거리다가 돌담 어귀에 앉아서 바다를 바라보는 할머니 눈은 파도같이 출렁출렁, 제주 바람 같은 얘기를 합니다. // 사태에 총 맞은 날, 이 가슴팍에 백년초 가시로 꽉꽉 찼고 그놈들을 콕콕 찌르고 싶은 잘잘한 가시는 이빨로도 뜯어낼 수 없다. / 이 개백정 놈들아 // 그렇습니다. 그렇습니다. // 서른다섯 되는 정월에 집 앞에서 토벌대가 쏜 총을 맞고 구사일생으로 목숨은 건졌으나 턱이 없어집니다. / 그때부터 할머니는 턱이 있었던 자리를 무명천으로 둘러서 음식이나 물조차 먹기 힘든 모습을 남에게 보여주지 않았고, 말하고 싶어도 말할 수 없는 날은 몇 날 며칠이 아닌 60갑자 되었습니다. / 극심한 공포를 느끼는 공포심은 고문만큼 힘들었으며, 외상 후 스트레스 장애로 심장질환과 골다공증으로 아파했고, 누군가 집에 들이닥칠 것이라는 불안 속에 죽기보다 힘든 고통이 나날이었습니다. // 당해보지 않아 알 수 없는 4·3은 / 한 여자를 완벽하게 망쳐 놨습니다. // 남을 가시로 찔러 보고 싶은 생각이 있는 사람이나 없는 사람들이 월령리月令里에 와서는 가시를 둘러쓴 백년초꽃이 곱다고 합니다.

-「무명천 할머니」

 이 시는 무명천 할머니(이하 할머니)를 여러 각도에서 조명한다. 이를 위해 시인은 불가피하게 여러 역할을 맡지 않을 수 없다. 먼저, 시인은 돌아가신 할머니를 추모한다. 그래서 시인은 할머니에게 술잔을 올리고 두 번 절을 한다. 이어서 시인은 할머니가 바다를 바라보며 내뱉은 말을 직접 들려준다. 다음, 시인은 할머니가 서른다섯 살이 되는 해 정월, 토벌대가 쏜 총에 맞아 아래턱을 무명천으로 두르게 된 이유를 밝힌다. 시인은 또한 그 이후부터 환갑이 될 때까지 겪은 할머니의 엄청난 고통을 짧게 언급하고 나서 "남을 가시로 찔러 보고 싶은 생각이 있는 사람이나 없는 사람들이 월령리月令里에 와서는 가시를 둘러쓴 백년초꽃이 곱다고" 말하는 현실을 환기시킨다.

총에 맞은 할머니의 가슴팍은 백년초 가시로 꽉 차 있다. 할머니는 그 가시로 '그놈들'의 가슴을 콕콕 찌르고 싶지만 마음대로 되지 않는다. 또 '그놈들'을 이빨로 뜯고 싶지만 총에 맞은 아래턱 때문에 그렇게 할 수도 없다. 이처럼 이 시는 무엇보다도 4·3으로 인해 발생한 할머니의 고통을 드러낸다.

한참 머뭇거리다가 / 월령리月令里 할머니 집에 갔을 때 / 정낭이 얹어져 있었습니다. / 먼 길을 떠났습니다. // 삶터는 예전 그대로 놔뒀습니다. / 무명천으로 얼굴을 반쯤 감싸인 영정이 / 빈집을 지키고 있었습니다. / 사람으로 살지를 않았습니다. // 할머니 속울음은 / 파도같이 밀려오고 있습니다.

- 「다시 월령리에서」

이 시는 앞의 시와 여러 면에서 다르다. 세상을 떠난 무명천 할머니를 생각하는 상황이 두드러진 것이다. 주인이 먼 길을 떠났음을 알리는 기호, 즉 정낭이 얹어져 있는 것, 무명천으로 얼굴을 반쯤 감싼 영정이 있는 것들이 모두 그것의 증거이다. 좀 더 살펴보면, 이 시에는 할머니를 떠나보낸 뒤에 나타난 슬픔의 정서가 짙게 배어 있다.

한라산 아래 첫 동네 영남리 / 간간이 비가 내립니다. // 섣달 스무
날, 해 거르지 않는 / 까마귀 모르는 제사 있습니다. // 상흔을 에워가
는 청대 숲 / 아무런 말이 없습니다. // 천지에 찾아봐도 허사 되고 /
지천에 물어봐도 헛일 되고 / 죄 아닌 죄로 죽은 사람 불러 봅니다. //
죽어도 죽지 못하여 / 못 먹은 축사니로 떠돕니다. // 빈 집터 다 알고
내려다보는 까마귀 / 팽나무에 앉아 웁니다.

- 「까마귀 모르는 제사」

1948년 11월 18일, 초토화 작전 계획에 따라 서귀포시 영남리에 난입한 토벌대는 닥치는 대로 총을 쏘아 주민들을 학살하고 불을 지른다. 토벌대의 이러한 만행에 주민들은 주변의 밀림과 자연 동굴에 몸을 숨기며 목숨을 부지한다. 하지만 그해 겨울 토벌대는 눈 덮인 산야를 헤매는 주민들을 총살하거나 체포한다. 영남리에서는 4·3으로 인해 92명의 주민 중 50명이 희생된다. '까마귀 모르는 제사'도 '못 먹은 축사니'는 그런 내력을 지진 말이다.

V. 마무리

자연주의의 원조인 에밀 졸라에게 『실험소설론』의 근거를 제공한 생리학자 클로드 베르나르가 경험을 정의한 바 있다. 그에 따르면 경험이란 삶 속에서 얻은 교훈이다. 이러한 의미에서, 우리는 어떤 사람이 경험이 많다고 말하곤 했다.

이와는 달리, 이 글에서 말하는 경험은 객관적 대상에 대해 감각적으로 주어지는 것들이나 인상을 말한다. 그리고 사유(penser)는 회의하

는 것, 이해하는 것, 원하는 것, 판단하는 것, 상상하는 것, 느끼는 것 등을 모두 포괄한다.

　김성진은 시적 진술 근거로서의 경험을 그냥 그대로의 상태로 사용하지 않고, 사유와의 관계 속에서 변주하는 과정을 거친 뒤에 사용한다. 필자는 이 글을 쓰면서 그것을 여러 차례 확인한 바 있다. 사족인데도 불구하고 한마디를 더하면, 그 경험이 간접적인 경험을 포함한 것임은 더 말할 나위도 없다.

초판 인쇄일 2024년 11월 12일
초판 발행일 2024년 11월 12일
지은이 김성진
발행인 박근정
발행처 심　상

06788 서울특별시 서초구 양재동 353-4 청암빌딩 2F
TEL. 02-3462-0290
FAX. 02-3462-0293
출판등록 제라-1696

값 12,000원
ⓒ 김성진
ISBN 979-11-85659-46-6

※ 이 책은 제주특별자치도와 제주문화예술재단의 2024년 제주문화예술재단
　 지원사업 후원을 받아 발간되었습니다.